The Dancer's Dream: Bilingual Stories for Spanish Language Learners

Coledown Bilingual Books

Published by Coledown Bilingual Books, 2023.

While every precaution has been taken in the preparation of this book, the publisher assumes no responsibility for errors or omissions, or for damages resulting from the use of the information contained herein.

THE DANCER'S DREAM: BILINGUAL STORIES FOR SPANISH LANGUAGE LEARNERS

First edition. September 22, 2023.

Written by Coledown Bilingual Books.

Table of Contents

Los Misterios de la Calle de las Empanadas

Había una vez en el corazón de Buenos Aires, una pequeña calle conocida como la "Calle de las Empanadas". Este rincón oculto de la ciudad, a menudo pasado por alto por los turistas apresurados, era un lugar donde los sabores se mezclaban con las historias de la gente común. En esta calle, en una pequeña tienda llamada "La Empanada Mágica", vivía Don José, un anciano amable y misterioso que cocinaba empanadas como ninguna otra persona en la ciudad.

Don José era conocido por su habilidad para adivinar los deseos y los sueños de las personas a través de sus empanadas. Algunos decían que eran empanadas mágicas, capaces de revelar el futuro o resolver problemas aparentemente insuperables. Otros simplemente las amaban por su sabor único y su relleno abundante.

Una cálida tarde de primavera, Martina, una joven y apasionada violinista, se adentró en la Calle de las Empanadas. Había llegado a un punto en su vida en el que se sentía perdida y necesitaba una guía. Martina había oído hablar de Don José y sus empanadas mágicas, y decidió probar suerte.

La pequeña campana sobre la puerta de "La Empanada Mágica" sonó cuando Martina entró. Don José, con su pelo blanco y sus ojos centelleantes, la recibió con una sonrisa amable y le ofreció una silla cerca del ventanal. Mientras Martina disfrutaba de una empanada de carne jugosa, Don José la observaba con curiosidad.

"¿Qué te preocupa, mi joven amiga?" preguntó finalmente.

Martina, sorprendida por la pregunta directa, titubeó antes de responder: "Siento que he perdido mi camino en la música. Solía tocar con tanta pasión, pero últimamente me siento vacía por dentro. No sé qué hacer."

Don José asintió con comprensión y luego deslizó una empanada de espinacas en el plato de Martina. "Prueba esta empanada. A veces, las respuestas a nuestros dilemas se esconden en los sabores."

Martina mordió la empanada y, de repente, sintió una oleada de emociones. Recordó su infancia, cuando solía tocar el violín en el patio trasero de su abuela mientras ella cocinaba. Las lágrimas llenaron sus ojos mientras la música comenzó a fluir en su mente.

Don José sonrió, sabiendo que la empanada había cumplido su propósito. "La música es como una empanada. Debes encontrar la pasión en su interior y permitir que fluya libremente."

Con el consejo de Don José y la inspiración que encontró en esa empanada de espinacas, Martina regresó a su vida musical con renovada determinación. Comenzó a tocar con una pasión y una alegría que había perdido durante mucho tiempo. Sus melodías llenaron las calles de Buenos Aires, atrayendo a multitudes que se detenían a escuchar su música.

A medida que los días se convirtieron en semanas y las semanas en meses, la fama de Martina creció, pero lo más importante, encontró la felicidad en su música una vez más. Siempre agradecida a Don José y su "Empanada Mágica", siguió visitando la pequeña tienda de la Calle de las Empanadas para conversar y compartir su éxito con el amable anciano.

Y así, la Calle de las Empanadas continuó siendo un lugar donde los sabores se mezclaban con las historias de la gente común. Don José, con su don especial para las empanadas, siguió ayudando a las almas perdidas a encontrar su camino y su felicidad, demostrando que a veces, en un rincón mágico de una ciudad bulliciosa, los sueños pueden hacerse realidad.

The Mysteries of Empanada Street

Once upon a time, in the heart of Buenos Aires, there was a small street known as "Empanada Street." This hidden corner of the city, often overlooked by hurried tourists, was a place where flavors blended with the stories of ordinary people. On this street, in a small shop called "The Magical Empanada," lived Don José, a kind and mysterious old man who cooked empanadas like no one else in the city.

Don José was known for his ability to guess people's wishes and dreams through his empanadas. Some said they were magical empanadas, capable of revealing the future or solving seemingly insurmountable problems. Others simply loved them for their unique taste and hearty fillings.

One warm spring afternoon, Martina, a young and passionate violinist, ventured into Empanada Street. She had reached a point in her life where she felt lost and needed guidance. Martina had heard of Don José and his magical empanadas, and she decided to try her luck.

The small bell above the door of "The Magical Empanada" rang as Martina entered. Don José, with his white hair and sparkling eyes, greeted her with a friendly smile and offered her a chair near the window. While Martina enjoyed a juicy meat empanada, Don José watched her with curiosity.

"What troubles you, my young friend?" he finally asked.

Martina, surprised by the direct question, hesitated before answering, "I feel like I've lost my way in music. I used to play with so much passion, but lately, I feel empty inside. I don't know what to do."

Don José nodded in understanding and then slid a spinach empanada onto Martina's plate. "Try this empanada. Sometimes, the answers to our dilemmas are hidden in flavors."

Martina took a bite of the empanada and suddenly felt a wave of emotions. She remembered her childhood when she used to play the violin in her grandmother's backyard while she cooked. Tears filled her eyes as the music began to flow in her mind.

Don José smiled, knowing that the empanada had served its purpose. "Music is like an empanada. You must find the passion within it and let it flow freely."

With Don José's advice and the inspiration she found in that spinach empanada, Martina returned to her musical life with renewed determination. She began to play with a passion and joy that she had long lost. Her melodies filled the streets of Buenos Aires, attracting crowds who stopped to listen to her music.

As days turned into weeks and weeks into months, Martina's fame grew, but most importantly, she found happiness in her music once again. Always grateful to Don José and his "Magical Empanada," she continued to visit the small shop on Empanada Street to chat and share her success with the kind old man.

And so, Empanada Street remained a place where flavors blended with the stories of ordinary people. Don José, with his special gift for empanadas, continued to help lost souls find their way and happiness, proving that sometimes, in a magical corner of a bustling city, dreams can come true.

El Misterio del Faro Olvidado

En lo alto de un acantilado, en la costa atlántica de Argentina, se alzaba el antiguo faro de San Agustín. Este faro, con su torre de piedra y su linterna oxidada, había estado en funcionamiento durante generaciones, guiando a los marineros a salvo a través de las turbulentas aguas del océano.

Pero con el tiempo, el faro había caído en desuso y se convirtió en un lugar olvidado. La tecnología moderna había reemplazado su función, y la comunidad local ya no prestaba atención al viejo faro. Solo unas cuantas historias de fantasmas y leyendas de pescadores mantenían viva su memoria.

Un día, un joven llamado Santiago llegó al pueblo cercano al faro. Era un historiador apasionado y había escuchado las historias del faro abandonado desde que era niño. Decidió visitar el lugar para investigar su historia y preservarla para las generaciones futuras.

Santiago pasó semanas investigando en archivos antiguos y entrevistando a los pocos ancianos que recordaban la época en que el faro estaba en funcionamiento. Descubrió que el faro tenía una historia rica y misteriosa, llena de tragedias y hazañas heroicas de los guardafaros que habían vivido allí.

Una tarde, mientras exploraba la torre del faro, Santiago encontró un cuaderno polvoriento en una esquina empolvada. Era el diario de uno de los antiguos guardafaros, un hombre llamado Emilio. Este diario revelaba detalles intrigantes sobre la vida solitaria en el faro y mencionaba un evento misterioso que nunca se había resuelto: la desaparición repentina de otro guardafaro llamado Mateo.

Santiago, intrigado por esta historia, decidió descubrir la verdad detrás de la desaparición de Mateo. Se adentró en la investigación, entrevistando a las pocas personas que aún recordaban a Mateo y buscando pistas en el diario de Emilio.

A medida que profundizaba en el misterio, Santiago comenzó a sentir una extraña presencia en el faro. Escuchaba pasos en las escaleras de la torre y susurraban voces en las noches oscuras. La leyenda del faro abandonado cobraba vida, y Santiago no podía evitar sentir que alguien o algo estaba tratando de comunicarse con él.

Finalmente, después de meses de investigación, Santiago hizo un descubrimiento sorprendente. Encontró una carta escondida en el diario de Emilio, una carta escrita por Mateo antes de su desaparición. La carta revelaba que Mateo había descubierto un antiguo mapa en una de las paredes del faro, un mapa que señalaba la ubicación de un tesoro perdido en el océano.

Con la carta en mano, Santiago decidió embarcarse en una búsqueda para encontrar el tesoro y descubrir el destino final de Mateo. Siguiendo las pistas del mapa, se aventuró en el océano y, finalmente, encontró el tesoro perdido en una pequeña isla desierta.

El hallazgo del tesoro no solo resolvió el misterio de la desaparición de Mateo, sino que también revitalizó la historia del viejo faro de San Agustín. Santiago compartió su descubrimiento con la comunidad local y el faro fue restaurado y convertido en un museo, honrando su pasado y las historias de los guardafaros que habían vivido allí.

Así, el misterio del faro olvidado se convirtió en una leyenda que perduró en el tiempo, recordando a todos que incluso en los lugares más olvidados, siempre hay historias por descubrir y tesoros que aguardan ser encontrados.

The Mystery of the Forgotten Lighthouse

At the top of a cliff on the Atlantic coast of Argentina stood the old San Agustín lighthouse. This lighthouse, with its stone tower and rusty lantern, had been in operation for generations, guiding sailors safely through the turbulent waters of the ocean.

But over time, the lighthouse had fallen into disuse and become a forgotten place. Modern technology had replaced its function, and the local community no longer paid attention to the old lighthouse. Only a few ghost stories and legends among fishermen kept its memory alive.

One day, a young man named Santiago arrived in the village near the lighthouse. He was a passionate historian and had heard the stories of the abandoned lighthouse since he was a child. He decided to visit the place to research its history and preserve it for future generations.

Santiago spent weeks researching in old archives and interviewing the few elderly people who remembered the time when the lighthouse was in operation. He discovered that the lighthouse had a rich and mysterious history, full of tragedies and heroic deeds of the lighthouse keepers who had lived there.

One afternoon, while exploring the lighthouse tower, Santiago found a dusty notebook in a corner. It was the diary of one of the old lighthouse keepers, a man named Emilio. This diary revealed intriguing details about the solitary life in the lighthouse and mentioned a mysterious event that had never been resolved: the sudden disappearance of another lighthouse keeper named Mateo.

Intrigued by this story, Santiago decided to uncover the truth behind Mateo's disappearance. He delved into the investigation, interviewing the few people who still remembered Mateo and searching for clues in Emilio's diary.

As he delved deeper into the mystery, Santiago began to feel a strange presence in the lighthouse. He heard footsteps on the tower's stairs and whispered voices in the dark nights. The legend of the abandoned lighthouse came to life, and Santiago couldn't help but feel that someone or something was trying to communicate with him.

Finally, after months of research, Santiago made a startling discovery. He found a hidden letter in Emilio's diary, a letter written by Mateo before his disappearance. The letter revealed that Mateo had discovered an ancient map on one of the lighthouse walls, a map pointing to the location of a lost treasure in the ocean.

With the letter in hand, Santiago decided to embark on a quest to find the treasure and uncover Mateo's final fate. Following the map's clues, he ventured into the ocean and eventually found the lost treasure on a small deserted island.

The discovery of the treasure not only solved the mystery of Mateo's disappearance but also revitalized the story of the old San Agustín lighthouse. Santiago shared his discovery with the local community, and the lighthouse was restored and turned into a museum, honoring its past and the stories of the lighthouse keepers who had lived there.

Thus, the mystery of the forgotten lighthouse became a legend that endured through time, reminding everyone that even in the most forgotten places, there are always stories to discover and treasures waiting to be found.

El Viaje de los Sueños Perdidos

En un pequeño pueblo en el corazón de Argentina, vivía un joven llamado Marcos. Marcos era un soñador empedernido con un deseo profundo y persistente: quería volar. Desde que era un niño, había estado obsesionado con las aves y los aviones, y su mayor anhelo era surcar los cielos.

Sin embargo, la vida en el pueblo de Marcos estaba lejos de las aventuras aéreas que anhelaba. Se dedicaba a cuidar el pequeño huerto familiar y ayudaba en la tienda de comestibles de su padre. Aunque amaba a su familia y su comunidad, sentía que sus sueños estaban siendo aplastados por la rutina diaria.

Un día, mientras paseaba por el campo, Marcos encontró una vieja cometa atrapada en un árbol. Aunque estaba deteriorada y rota, la cometa desató una chispa de inspiración en él. Decidió restaurarla y aprender a volarla. Pasó horas pegando cuidadosamente los fragmentos y ajustando las cuerdas hasta que la cometa volvió a ser un artefacto de belleza y gracia.

Cuando llegó el momento de probar su cometa, Marcos subió a la colina más alta del pueblo. Sujetó las cuerdas con firmeza y, con un tirón suave, la cometa se elevó en el cielo. Marcos sintió una oleada de emoción indescriptible al verla volar alto en el aire. Durante horas, olvidó sus preocupaciones y problemas, concentrándose solo en la danza de la cometa en el cielo azul.

A medida que pasaron los días, Marcos se convirtió en un experto en volar cometas. La gente del pueblo quedaba asombrada por su destreza y su habilidad para hacer que las cometas realizaran acrobacias en el aire. Pronto, el pueblo organizó un festival de cometas en honor a Marcos y su pasión por volar.

El día del festival, el cielo se llenó de cometas de todos los colores y tamaños. Marcos lideró el evento con su cometa especialmente diseñada, que dejaba estelas de colores brillantes en el cielo. Los habitantes del pueblo se unieron a la celebración, disfrutando de la belleza de las cometas y la alegría que Marcos irradiaba.

Mientras observaba las cometas danzando en el cielo, Marcos se dio cuenta de que, aunque no podía volar como las aves o los aviones, había encontrado una forma de acercarse a su sueño. Había aprendido que a veces, los sueños pueden tomar caminos inesperados y convertirse en algo hermoso y significativo en nuestras vidas.

El pueblo de Marcos nunca volvió a ver las cometas de la misma manera. En cada vuelo de cometas, recordaban la historia del joven soñador que encontró la belleza y la libertad en los cielos abiertos de su imaginación. Y, aunque Marcos nunca voló en un avión, sus sueños llenaron los cielos de su pueblo de alegría y asombro.

The Journey of Lost Dreams

In a small village in the heart of Argentina, there lived a young man named Marcos. Marcos was a dreamer at heart with a deep and persistent desire: he wanted to fly. Since he was a child, he had been obsessed with birds and planes, and his greatest longing was to soar through the skies.

However, life in Marcos' village was far from the aerial adventures he yearned for. He devoted himself to tending the small family garden and helping in his father's grocery store. While he loved his family and his community, he felt that his dreams were being crushed by the daily routine.

One day, while wandering through the countryside, Marcos found an old kite stuck in a tree. Although it was weathered and broken, the kite ignited a spark of inspiration within him. He decided to restore it and learn to fly it. He spent hours carefully gluing the pieces and adjusting the strings until the kite was once again a thing of beauty and grace.

When the time came to test his kite, Marcos climbed to the highest hill in the village. He held the strings firmly, and with a gentle tug, the kite soared into the sky. Marcos felt an indescribable rush of excitement as he watched it fly high in the air. For hours, he forgot his worries and troubles, focusing only on the kite's dance in the blue sky.

As the days went by, Marcos became an expert at flying kites. The people of the village were amazed by his skill and his ability to make kites perform acrobatics in the air. Soon, the village organized a kite festival in honor of Marcos and his passion for flying.

On the day of the festival, the sky was filled with kites of all colors and sizes. Marcos led the event with his specially designed kite, leaving trails of bright colors in the sky. The villagers joined in the celebration, enjoying the beauty of the kites and the joy that Marcos radiated.

As he watched the kites dance in the sky, Marcos realized that, although he couldn't fly like birds or airplanes, he had found a way to get closer to his dream. He had learned that sometimes, dreams can take unexpected paths and become something beautiful and meaningful in our lives.

Marcos' village never looked at kites the same way again. With every kite flight, they remembered the story of the young dreamer who found beauty and freedom in the open skies of his imagination. And though Marcos never flew in an airplane, his dreams filled the skies of his village with joy and wonder.

El Jardín Secreto de Isabella

En el tranquilo pueblo de San Juan, Argentina, vivía una niña llamada Isabella. Aunque Isabella tenía solo ocho años, su amor por la naturaleza y las plantas era extraordinario. Pasaba horas explorando los campos y bosques cercanos, maravillándose con cada flor y árbol que encontraba.

Un día, mientras caminaba por el bosque, Isabella descubrió un sendero oculto que la llevó a un lugar mágico. Se encontró ante un jardín secreto cubierto de enredaderas y flores de colores brillantes. El jardín estaba rodeado de altos muros de piedra y parecía haber estado escondido durante años.

Isabella se sintió como si hubiera entrado en un cuento de hadas. Pasó sus días explorando el jardín, cuidando de las plantas y flores con amor y atención. Descubrió variedades raras de rosas, lirios y tulipanes que no había visto antes. Cada rincón del jardín tenía algo especial, desde una fuente de agua cristalina hasta un banco de piedra cubierto de musgo donde Isabella solía sentarse a leer sus cuentos favoritos.

La niña se dio cuenta de que el jardín necesitaba cuidados especiales, así que empezó a llevar herramientas de jardinería y a aprender todo lo que podía sobre el cultivo de plantas. Pronto, el jardín secretos de Isabella floreció como nunca antes. Las flores desprendían fragancias embriagadoras y los pájaros comenzaron a visitarlo, llenando el aire con sus canciones.

A medida que Isabella pasaba más tiempo en el jardín, se dio cuenta de que no estaba sola. Con el tiempo, conoció a una serie de criaturas mágicas que vivían allí, desde hadas que danzaban en la luz de la luna hasta un simpático duende que la ayudaba con sus tareas de jardinería. Estas criaturas se convirtieron en sus amigos y le enseñaron aún más sobre el cuidado de las plantas y la magia de la naturaleza.

La noticia sobre el asombroso jardín de Isabella se extendió por el pueblo, y pronto se convirtió en un lugar de visita obligada para todos. Los lugareños se maravillaban de la belleza y la armonía que Isabella había creado en su jardín secreto.

Con el tiempo, Isabella creció, pero su amor por la naturaleza y las plantas nunca disminuyó. Continuó cuidando el jardín, compartiendo su conocimiento con otros amantes de la jardinería y enseñando a las nuevas generaciones sobre la importancia de la naturaleza y la magia que se esconde en cada flor y hoja.

El jardín secreto de Isabella se convirtió en un lugar legendario, una joya oculta en el corazón del pueblo de San Juan. Y aunque Isabella envejeció, el jardín y sus enseñanzas perduraron, recordando a todos que la magia de la naturaleza siempre está a nuestro alcance, si solo aprendemos a cuidarla y apreciarla.

Isabella's Secret Garden

In the peaceful village of San Juan, Argentina, lived a girl named Isabella. Although Isabella was only eight years old, her love for nature and plants was extraordinary. She spent hours exploring the nearby fields and forests, marveling at every flower and tree she encountered.

One day, while walking through the woods, Isabella discovered a hidden path that led her to a magical place. She found herself in front of a secret garden covered in vines and bright-colored flowers. The garden was surrounded by tall stone walls and seemed to have been hidden for years.

Isabella felt like she had entered a fairy tale. She spent her days exploring the garden, caring for the plants and flowers with love and attention. She discovered rare varieties of roses, lilies, and tulips she had never seen before. Every corner of the garden held something special, from a crystal-clear water fountain to a moss-covered stone bench where Isabella used to sit and read her favorite stories.

The girl realized that the garden needed special care, so she started bringing gardening tools and learning everything she could about plant cultivation. Soon, Isabella's secret garden bloomed like never before. The flowers gave off intoxicating fragrances, and birds began to visit, filling the air with their songs.

As Isabella spent more time in the garden, she realized she was not alone. Over time, she met a series of magical creatures living there, from fairies that danced in the moonlight to a friendly gnome who helped her with her gardening tasks. These creatures became her friends and taught her even more about plant care and the magic of nature.

News about Isabella's amazing garden spread throughout the village, and it soon became a must-visit place for everyone. The locals marveled at the beauty and harmony Isabella had created in her secret garden.

As time went by, Isabella grew up, but her love for nature and plants never waned. She continued to care for the garden, sharing her knowledge with other gardening enthusiasts and teaching new generations about the importance of nature and the magic hidden in every flower and leaf.

Isabella's secret garden became a legendary place, a hidden gem in the heart of the village of San Juan. And though Isabella grew older, the garden and her teachings endured, reminding everyone that the magic of nature is always within our reach if we only learn to care for and appreciate it.

El Misterio del Faro Encantado

En la costa de Argentina, en una noche oscura y tormentosa, se alzaba majestuosamente el Faro de la Luna. Este faro, con su torre blanca y su luz intermitente, había guiado a innumerables barcos a salvo a través de las aguas traicioneras del océano.

Sin embargo, el Faro de la Luna tenía una leyenda envuelta en misterio. Se decía que, cada cien años, en la noche de la luna llena, el faro cobraba vida. Su luz parpadeaba de manera hipnótica, y se oían voces susurrantes en los alrededores.

Esa noche, precisamente cien años desde la última vez que el faro se había "despertado", un joven pescador llamado Mateo decidió pasar la noche en sus cercanías. Había oído las historias sobre el faro encantado y quería verlo por sí mismo.

Mientras se acercaba al faro en su pequeña embarcación, la luna llena iluminaba el cielo con un resplandor plateado. Mateo observó con asombro cómo la luz del faro comenzaba a parpadear de manera inusual, y un escalofrío recorrió su espalda cuando las voces susurrantes llenaron el aire.

Decidió desembarcar en la pequeña isla donde se alzaba el faro y subir por la escalera en espiral que conducía a la cima. Cuando llegó al mirador, se encontró con una visión sorprendente. El faro estaba rodeado por seres luminosos, hadas y espíritus marinos que danzaban en la luz de la luna.

El faro parecía estar contando una historia a través de su luz y las figuras danzantes. Mostraba el pasado de la costa, los naufragios y los tesoros perdidos en el océano. Mateo escuchó las voces de los espíritus que lamentaban su destino y aquellos que aún buscaban la paz en el más allá.

En ese momento, una hermosa sirena emergió de las aguas cercanas. Sus ojos brillaban como las estrellas, y su voz era melodiosa y conmovedora. Le habló a Mateo sobre la importancia de cuidar el mar y proteger su belleza, recordándole que las leyendas marinas eran más que simples cuentos.

Cuando el sol comenzó a asomarse en el horizonte, el faro y los seres luminosos se desvanecieron, dejando a Mateo solo en la isla. Regresó a su barco con el corazón lleno de asombro y una nueva comprensión del vínculo entre la humanidad y el mar.

A partir de esa noche, Mateo se convirtió en un defensor apasionado del océano y su conservación. Contó la historia de su encuentro con el faro encantado y la sirena a todos los que conocía, inspirando a otros a respetar y proteger el entorno marino.

El Faro de la Luna volvió a su estado inactivo, pero su leyenda tomó un nuevo significado en el corazón de Mateo y de todos los que escucharon su historia. Recordaban que la magia y el misterio del mar siempre estaban ahí para aquellos que estaban dispuestos a escuchar y aprender.

The Mystery of the Enchanted Lighthouse

On the coast of Argentina, on a dark and stormy night, the Moon Lighthouse rose majestically. This lighthouse, with its white tower and intermittent light, had safely guided countless ships through the treacherous waters of the ocean.

However, the Moon Lighthouse had a legend shrouded in mystery. It was said that every hundred years, on the night of the full moon, the lighthouse came to life. Its light blinked hypnotically, and whispering voices could be heard in the surroundings.

That night, precisely a hundred years since the last time the lighthouse had "awakened," a young fisherman named Mateo decided to spend the night nearby. He had heard the stories about the enchanted lighthouse and wanted to see it for himself.

As he approached the lighthouse in his small boat, the full moon illuminated the sky with a silvery glow. Mateo watched in awe as the lighthouse's light began to blink unusually, and a shiver ran down his spine as whispering voices filled the air.

He decided to disembark on the small island where the lighthouse stood and climb the spiral staircase that led to the top. When he reached the lookout, he encountered a surprising sight. The lighthouse was surrounded by luminous beings, fairies, and sea spirits that danced in the moonlight.

The lighthouse seemed to be telling a story through its light and the dancing figures. It showed the past of the coast, shipwrecks, and treasures lost in the ocean. Mateo heard the voices of spirits lamenting their fate and those still seeking peace in the afterlife.

At that moment, a beautiful mermaid emerged from the nearby waters. Her eyes shone like stars, and her voice was melodious and moving. She spoke to Mateo about the importance of caring for the sea and protecting its beauty, reminding him that sea legends were more than mere tales.

As the sun began to rise on the horizon, the lighthouse and the luminous beings faded away, leaving Mateo alone on the island. He returned to his boat with a heart filled with wonder and a new understanding of the connection between humanity and the sea.

From that night on, Mateo became a passionate advocate for the ocean and its conservation. He shared the story of his encounter with the enchanted lighthouse and the mermaid with everyone he knew, inspiring others to respect and protect the marine environment.

The Moon Lighthouse returned to its dormant state, but its legend took on a new meaning in Mateo's heart and in the hearts of all who heard his story. They remembered that the magic and mystery of the sea were always there for those willing to listen and learn.

El Misterio de la Casa de los Libros

En un tranquilo pueblo en las afueras de Buenos Aires, Argentina, se encontraba una casa peculiar conocida como "La Biblioteca Encantada". Esta casa, construida hace más de un siglo, había sido el hogar de una familia de eruditos y amantes de los libros durante generaciones.

La leyenda que rodeaba a esta casa sostenía que contenía una colección única de libros mágicos, cada uno con poderes extraordinarios. Se decía que los libros podían conceder sabiduría, predecir el futuro o incluso transportar a quienes los leían a mundos desconocidos.

Un día, una joven llamada Sofía llegó al pueblo en busca de un lugar tranquilo para escribir su novela. Se había enterado de la leyenda de la Biblioteca Encantada y decidió hospedarse allí durante un tiempo. La anciana dueña de la casa, Doña Beatriz, la recibió con amabilidad y la instaló en una acogedora habitación llena de estanterías repletas de libros antiguos.

Sofía pasaba horas explorando la casa y leyendo los libros que encontraba. Pronto descubrió que la leyenda era cierta: los libros eran realmente mágicos. Uno le revelaba historias del pasado, otro le mostraba destellos del futuro y un tercero la transportaba a tierras lejanas y exóticas mientras lo leía.

Mientras Sofía continuaba su estancia en la Biblioteca Encantada, comenzó a escribir su novela inspirada por las historias que los libros le contaban. Cada página que escribía parecía cobrar vida, y su obra se llenó de magia y misterio.

Pero a medida que avanzaba en su novela, Sofía notó que algo extraño sucedía. Los personajes que ella había creado en su historia parecían tomar vida propia. Salían de las páginas de su libro y comenzaban a interactuar con el mundo real.

Doña Beatriz, al darse cuenta de lo que ocurría, explicó a Sofía que su novela había adquirido vida propia debido a la magia de la casa y los libros. Ahora, Sofía tenía la responsabilidad de guiar a sus personajes y decidir el destino que les esperaba.

Sofía se embarcó en una aventura junto a sus personajes, explorando los mundos que había creado en su novela y enfrentando desafíos inesperados. A medida que avanzaban en la historia, Sofía se dio cuenta de que su papel como autora no era solo escribir, sino también aprender de sus personajes y entender sus deseos y sueños.

Finalmente, Sofía terminó su novela y, con la ayuda de la magia de la casa, los personajes regresaron a sus páginas. La Biblioteca Encantada volvió a su tranquilidad, pero la experiencia de Sofía la cambió para siempre. Aprendió a apreciar el poder de la creatividad y la responsabilidad que conlleva dar vida a historias.

Sofía dejó el pueblo con su novela en la mano y un corazón lleno de gratitud por la experiencia única que había vivido en la casa de los libros. La Biblioteca Encantada siguió siendo un lugar legendario, donde las historias cobraban vida y los sueños se entrelazaban con la realidad.

The Mystery of the House of Books

In a peaceful village on the outskirts of Buenos Aires, Argentina, there was a peculiar house known as the "Enchanted Library." This house, built over a century ago, had been the home of a family of scholars and book lovers for generations.

The legend surrounding this house held that it contained a unique collection of magical books, each with extraordinary powers. It was said that the books could grant wisdom, predict the future, or even transport those who read them to unknown worlds.

One day, a young woman named Sofia arrived in the village in search of a quiet place to write her novel. She had heard of the legend of the Enchanted Library and decided to stay there for a while. The elderly owner of the house, Doña Beatriz, welcomed her kindly and settled her into a cozy room filled with shelves of ancient books.

Sofia spent hours exploring the house and reading the books she found. She soon discovered that the legend was true: the books were indeed magical. One revealed stories from the past, another showed glimpses of the future, and a third transported her to distant and exotic lands as she read it.

As Sofia continued her stay in the Enchanted Library, she began to write her novel inspired by the stories the books told her.

Every page she wrote seemed to come to life, and her work was filled with magic and mystery.

But as she progressed in her novel, Sofia noticed something strange happening. The characters she had created in her story seemed to come to life on their own. They emerged from the pages of her book and began to interact with the real world.

Doña Beatriz, realizing what was happening, explained to Sofia that her novel had come to life due to the magic of the house and the books. Now, Sofia had the responsibility to guide her characters and decide the fate that awaited them.

Sofia embarked on an adventure with her characters, exploring the worlds she had created in her novel and facing unexpected challenges. As they advanced in the story, Sofia realized that her role as an author was not just to write but also to learn from her characters and understand their desires and dreams.

Finally, Sofia finished her novel, and with the help of the magic of the house, the characters returned to their pages. The Enchanted Library returned to its tranquility, but Sofia's experience changed her forever. She learned to appreciate the power of creativity and the responsibility that comes with bringing stories to life.

Sofia left the village with her novel in hand and a heart full of gratitude for the unique experience she had in the house of books. The Enchanted Library remained a legendary place, where stories came to life, and dreams intertwined with reality.

El Sueño de la Bailarina

En el bullicioso barrio de San Telmo, en Buenos Aires, Argentina, vivía una niña llamada Camila. Desde que era muy pequeña, Camila había soñado con convertirse en una bailarina de tango famosa. Su abuelo, un apasionado amante del tango, le había transmitido su amor por este baile sensual y apasionado.

Cada semana, Camila acompañaba a su abuelo a la milonga local, donde observaba con asombro a los bailarines de tango que se movían con gracia y pasión en la pista de baile. Soñaba con el día en que ella también podría estar en el centro de atención, bailando con un compañero talentoso.

Sin embargo, a medida que Camila crecía, la vida le presentaba desafíos. Su familia luchaba por llegar a fin de mes, y pagar las clases de tango se volvía cada vez más difícil. Camila sabía que sus sueños estaban en peligro, pero no estaba dispuesta a renunciar a su pasión.

Un día, mientras Camila paseaba por el barrio, escuchó música de tango proveniente de una pequeña tienda de antigüedades. Intrigada, entró y se encontró con una caja de música antigua que tocaba una hermosa melodía de tango. La dueña de la tienda, una mujer mayor llamada Rosa, le explicó que la caja de música había pertenecido a una famosa bailarina de tango que había vivido en el barrio décadas atrás.

Rosa vio la pasión en los ojos de Camila y, con un gesto amable, le regaló la caja de música. Le dijo a Camila que la música del tango siempre estaría en su corazón, incluso cuando la vida le presentara obstáculos.

Camila llevó la caja de música a casa y la colocó en su habitación. Cada noche, antes de dormir, escuchaba la melódica música de tango y cerraba los ojos, imaginándose bailando en el salón de baile. Aunque no podía pagar clases formales de tango, practicaba sus pasos y movimientos en la intimidad de su habitación.

A medida que pasaba el tiempo, Camila se convirtió en una bailarina de tango excepcional, todo gracias a su dedicación y pasión. Un día, mientras paseaba por el barrio, vio un anuncio para un concurso de tango local. A pesar de sus dudas, decidió participar.

El día del concurso, Camila subió al escenario con nerviosismo pero también con determinación. A medida que la música del tango llenaba la sala, todo su esfuerzo y práctica se reflejaron en sus movimientos. Bailó con pasión y emoción, como si estuviera contando una historia con cada paso.

Cuando terminó su actuación, la audiencia estalló en aplausos y ovaciones. Camila había cautivado a todos con su talento y su pasión por el tango. Ganó el concurso y se convirtió en una bailarina de tango reconocida en su barrio.

A lo largo de los años, Camila continuó bailando y enseñando a otros su amor por el tango. Su abuelo, que había sido su inspiración desde el principio, estaba orgulloso de ver cómo su nieta había logrado sus sueños.

La música del tango seguía sonando en el barrio de San Telmo, pero ahora, la caja de música de Camila también se sumaba a su melodía. Recordaba a todos que, con pasión y determinación, los sueños pueden hacerse realidad, incluso cuando los obstáculos parecen insuperables.

The Dancer's Dream

In the bustling neighborhood of San Telmo, Buenos Aires, Argentina, lived a girl named Camila. Since she was very young, Camila had dreamt of becoming a famous tango dancer. Her grandfather, a passionate tango enthusiast, had passed on his love for this sensual and passionate dance to her.

Every week, Camila accompanied her grandfather to the local milonga, where she watched in awe as tango dancers moved with grace and passion on the dance floor. She dreamed of the day when she could also be in the spotlight, dancing with a talented partner.

However, as Camila grew older, life presented her with challenges. Her family struggled to make ends meet, and paying for tango classes became increasingly difficult. Camila knew her dreams were in jeopardy, but she was unwilling to give up her passion.

One day, while Camila was strolling through the neighborhood, she heard tango music coming from a small antique shop. Intrigued, she entered and found an old music box playing a beautiful tango melody. The shop owner, an elderly woman named Rosa, explained that the music box had belonged to a famous tango dancer who had lived in the neighborhood decades ago.

Rosa saw the passion in Camila's eyes and, with a kind gesture, gifted her the music box. She told Camila that the music of tango would always be in her heart, even when life presented obstacles.

Camila took the music box home and placed it in her room. Every night, before going to sleep, she would listen to the melodious tango music and close her eyes, imagining herself dancing in the ballroom. Although she couldn't afford formal tango lessons, she practiced her steps and movements in the privacy of her room.

As time passed, Camila became an exceptional tango dancer, all thanks to her dedication and passion. One day, while walking through the neighborhood, she saw an advertisement for a local tango competition. Despite her doubts, she decided to participate.

On the day of the competition, Camila took the stage with nervousness but also with determination. As the tango music filled the room, all her effort and practice were reflected in her movements. She danced with passion and emotion, as if she were telling a story with every step.

When she finished her performance, the audience erupted in applause and cheers. Camila had captivated everyone with her talent and her passion for tango. She won the competition and became a recognized tango dancer in her neighborhood.

Throughout the years, Camila continued to dance and teach others her love for tango. Her grandfather, who had been her inspiration from the beginning, was proud to see his granddaughter achieve her dreams.

The tango music continued to play in the San Telmo neighborhood, but now, Camila's music box also added its melody. It reminded everyone that, with passion and determination, dreams can come true, even when obstacles seem insurmountable.

El Misterio del Viejo Molino

En un tranquilo pueblo en las colinas de la provincia de Córdoba, Argentina, se encontraba un antiguo molino de viento conocido como "El Molino del Abuelo". Este molino, con sus aspas de madera gastadas por el tiempo, había sido una parte integral de la comunidad durante generaciones, proporcionando harina para el pan que todos disfrutaban.

La leyenda que rodeaba al molino sostenía que, en las noches de luna llena, las almas de los antiguos molineros cobraban vida y continuaban moliendo el trigo como lo habían hecho en vida. Muchos en el pueblo creían que el molino estaba encantado y que había un tesoro escondido en su interior.

Un día, un joven aventurero llamado Diego llegó al pueblo en busca de emociones y tesoros ocultos. Había escuchado las historias sobre El Molino del Abuelo y decidió investigar. Convenció a algunos lugareños para que lo acompañaran en su expedición al molino en la próxima noche de luna llena.

Cuando llegó el momento, Diego y su grupo llegaron al molino en medio de la brillante luz de la luna llena. Las aspas del molino se movían lentamente, como si estuvieran esperando a alguien. Decidieron entrar y explorar el interior en busca del supuesto tesoro.

Dentro del molino, encontraron una habitación llena de engranajes y poleas, y una antigua caja fuerte en una esquina.

La caja parecía estar sellada con un símbolo misterioso. Con cuidado, intentaron abrir la caja fuerte, pero resultó ser más complicado de lo que habían imaginado.

Mientras luchaban por abrir la caja fuerte, las aspas del molino comenzaron a girar más rápido y el viento aullaba afuera. En ese momento, la puerta se cerró de golpe, atrapándolos en el interior del molino. Estaban atrapados.

Poco a poco, comenzaron a escuchar risas y voces que parecían venir de ninguna parte. Las almas de los antiguos molineros habían cobrado vida, y estaban observando a los intrusos con curiosidad.

Diego y su grupo, a pesar del miedo, comenzaron a hablar con las almas de los molineros. Descubrieron que no estaban allí para hacerles daño, sino para proteger el tesoro escondido en la caja fuerte. Las almas habían estado esperando a alguien con el corazón puro que mereciera el tesoro.

Diego les prometió que su intención era encontrar el tesoro para preservarlo y protegerlo, no para enriquecerse. Conmovidas por su sinceridad, las almas de los molineros decidieron ayudar a abrir la caja fuerte. Juntos, trabajaron en conjunto para resolver los complicados mecanismos y finalmente abrieron la caja.

Dentro encontraron no oro ni joyas, sino documentos y registros antiguos que contaban la historia de la comunidad y la importancia del molino en sus vidas. Era un tesoro de conocimiento y cultura que debía ser preservado.

Agradecidas por la promesa de Diego, las almas de los molineros desaparecieron, y las aspas del molino se detuvieron. La puerta se abrió, y Diego y su grupo salieron, llevando consigo el tesoro de la historia de su pueblo. 43

Diego compartió la historia y los documentos con la comunidad, y todos aprendieron a valorar aún más la historia y la herencia de su querido molino. El Molino del Abuelo siguió siendo un símbolo de la conexión entre el pasado y el presente, recordando a todos que algunas riquezas son más valiosas que el oro.

The Mystery of the Old Windmill

In a quiet village in the hills of the province of Córdoba, Argentina, stood an ancient windmill known as "Grandpa's Mill." This mill, with its time-worn wooden blades, had been an integral part of the community for generations, providing flour for the bread that everyone enjoyed.

The legend surrounding the mill held that, on full moon nights, the souls of the old millers came to life and continued grinding the wheat as they had done in life. Many in the village believed that the mill was enchanted and that a hidden treasure lay within its walls.

One day, a young adventurer named Diego arrived in the village in search of thrills and hidden treasures. He had heard the stories about Grandpa's Mill and decided to investigate. He convinced some locals to join him on his expedition to the mill on the next full moon night.

When the time came, Diego and his group arrived at the mill in the midst of the bright light of the full moon. The mill's blades turned slowly, as if they were waiting for someone. They decided to enter and explore the interior in search of the supposed treasure.

Inside the mill, they found a room filled with gears and pulleys, and an old safe in one corner. The safe seemed to be sealed with a mysterious symbol. Carefully, they attempted to open the safe, but it proved to be more complex than they had imagined.

As they struggled to open the safe, the mill's blades began to spin faster, and the wind howled outside. At that moment, the door slammed shut, trapping them inside the mill. They were stuck.

Slowly, they began to hear laughter and voices that seemed to come from nowhere. The souls of the old millers had come to life, and they were watching the intruders with curiosity.

Diego and his group, despite their fear, began to converse with the millers' souls. They discovered that the souls were not there to harm them but to protect the treasure hidden in the safe. The souls had been waiting for someone with a pure heart who deserved the treasure.

Diego promised them that his intention was to find the treasure to preserve and protect it, not to enrich himself. Touched by his sincerity, the millers' souls decided to help open the safe. Together, they worked to decipher the intricate mechanisms and finally unlocked the safe.

Inside, they found not gold or jewels, but ancient documents and records that told the story of the community and the significance of the mill in their lives. It was a treasure of knowledge and culture that needed to be preserved.

Grateful for Diego's promise, the millers' souls disappeared, and the mill's blades stopped. The door opened, and Diego and his group exited, carrying with them the treasure of their community's history.

Diego shared the story and documents with the community, and everyone learned to cherish even more the history and heritage of their beloved mill. Grandpa's Mill remained a symbol of the connection between the past and the present, reminding everyone that some riches are more valuable than gold.

El Caso del Tango Perdido

En las calles bulliciosas de Buenos Aires, la ciudad del tango y los misterios, vivía un detective apasionado por resolver casos intrigantes. Su nombre era Alejandro Mendoza, y había ganado una reputación en toda la ciudad por su habilidad para desentrañar los secretos más oscuros.

Una mañana soleada, mientras disfrutaba de su café en un café al aire libre, Alejandro recibió una llamada telefónica que cambiaría su vida. La voz al otro lado del teléfono era la de un hombre angustiado. Había perdido algo muy valioso: un antiguo bandoneón, un instrumento de tango único y preciado que había pertenecido a su abuelo, un legendario músico de tango.

El hombre le explicó a Alejandro que el bandoneón había desaparecido misteriosamente de su estudio de grabación, y nadie parecía saber cómo ni por qué había ocurrido. El detective aceptó el caso de inmediato, intrigado por el misterio que rodeaba al instrumento.

Alejandro comenzó su investigación visitando el estudio de grabación. Examinó cuidadosamente la escena y entrevistó a todos los presentes el día en que desapareció el bandoneón. Pero las pistas eran escasas y confusas.

Decidió sumergirse en el mundo del tango para buscar respuestas. Visitó milongas y bares de tango, habló con músicos y bailarines, y se adentró en la cultura y la pasión del tango argentino. Mientras tanto, el tiempo corría en su contra, ya que el hombre que lo había contratado estaba desesperado por recuperar el bandoneón de su abuelo.

En su búsqueda, Alejandro descubrió que el bandoneón perdido tenía una historia rica y llena de secretos. Había sido testigo de los altibajos de la vida de su abuelo y de la evolución del tango a lo largo de los años. Era más que un instrumento; era un símbolo de la identidad cultural de la ciudad.

Con cada pista que seguía, Alejandro se acercaba más a la verdad detrás de la desaparición del bandoneón. Finalmente, después de semanas de investigación exhaustiva y entrevistas minuciosas, descubrió un oscuro secreto relacionado con un coleccionista de música que había estado obsesionado con el instrumento durante años.

Alejandro se enfrentó al coleccionista y, después de una tensa confrontación, logró recuperar el bandoneón robado. Lo entregó al hombre que lo había contratado, quien derramó lágrimas de gratitud al recuperar el tesoro de su abuelo.

La historia del bandoneón perdido se convirtió en un tema de conversación en la ciudad, y Alejandro Mendoza ganó aún más fama como detective en Buenos Aires. Pero lo que más valoró fue la satisfacción de haber devuelto una parte importante de la historia y la cultura de la ciudad a su legítimo dueño.

Desde entonces, el bandoneón volvió a llenar las noches de Buenos Aires con su música, y Alejandro siguió resolviendo casos intrigantes en las calles de la ciudad, siempre listo para enfrentar nuevos misterios y desafíos.

The Case of the Lost Tango

———

In the bustling streets of Buenos Aires, the city of tango and mysteries, lived a detective passionate about solving intriguing cases. His name was Alejandro Mendoza, and he had gained a reputation throughout the city for his ability to unravel the darkest secrets.

One sunny morning, while enjoying his coffee at an outdoor café, Alejandro received a phone call that would change his life. The voice on the other end of the line was that of a distraught man. He had lost something very valuable: an antique bandoneón, a unique and cherished tango instrument that had belonged to his grandfather, a legendary tango musician.

The man explained to Alejandro that the bandoneón had mysteriously disappeared from his recording studio, and no one seemed to know how or why it had happened. The detective accepted the case immediately, intrigued by the mystery surrounding the instrument.

Alejandro began his investigation by visiting the recording studio. He carefully examined the scene and interviewed everyone present on the day the bandoneón disappeared. But the clues were scarce and confusing.

He decided to immerse himself in the world of tango to seek answers. He visited milongas and tango bars, talked to musicians and dancers, and delved into the culture and passion of

Argentine tango. Meanwhile, time was running out, as the man who had hired him was desperate to recover his grandfather's bandoneón.

In his search, Alejandro discovered that the lost bandoneón had a rich and secretive history. It had witnessed the ups and downs of his grandfather's life and the evolution of tango over the years. It was more than an instrument; it was a symbol of the city's cultural identity.

With each lead he pursued, Alejandro got closer to the truth behind the disappearance of the bandoneón. Finally, after weeks of exhaustive investigation and meticulous interviews, he uncovered a dark secret related to a music collector who had been obsessed with the instrument for years.

Alejandro confronted the collector, and after a tense confrontation, he managed to recover the stolen bandoneón. He handed it over to the man who had hired him, who shed tears of gratitude at regaining his grandfather's treasure.

The story of the lost bandoneón became a topic of conversation in the city, and Alejandro Mendoza gained even more fame as a detective in Buenos Aires. But what he valued most was the satisfaction of having returned an important part of the city's history and culture to its rightful owner.

Since then, the bandoneón once again filled the nights of Buenos Aires with its music, and Alejandro continued to solve intriguing cases in the city's streets, always ready to face new mysteries and challenges.

La Vendimia

En un soleado día de otoño en el corazón de la región vinícola de Mendoza, Argentina, un grupo de amigos decidieron hacer una visita a una prestigiosa bodega llamada "Vinos y Risas". La fama de la bodega se debía no solo a sus excelentes vinos, sino también a su propietario, Don Ernesto, un hombre conocido por su gran sentido del humor.

Los amigos llegaron entusiasmados y fueron recibidos por Don Ernesto en persona. Este hombre carismático y risueño los guió a través de los campos de viñedos, contando chistes y anécdotas mientras caminaban entre las filas de uvas maduras.

Llegó el momento de la vendimia, y Don Ernesto propuso un desafío. Prometió una botella de su vino más exclusivo al que recogiera la mayor cantidad de uvas en el menor tiempo. Los amigos aceptaron el reto con entusiasmo y se pusieron a trabajar, pero con una divertida competencia en mente.

Mientras intentaban llenar sus cestas lo más rápido posible, comenzaron a ocurrir situaciones cómicas. Uno de ellos, Martín, tropezó con sus propios pies y cayó en medio de las uvas, provocando risas estruendosas. Su amigo Luciano, al intentar imitar un gesto de Don Ernesto, terminó manchado de jugo de uva de pies a cabeza.

La risa se propagó entre ellos, y pronto estaban haciendo chistes y payasadas mientras recogían uvas. Intentaban superar sus caídas y accidentes con humor, convirtiendo la vendimia en una comedia improvisada.

Don Ernesto, que había estado observando la escena, se unió a la diversión. Comenzó a recoger uvas junto a ellos, lanzando chistes y ocurrencias aún más hilarantes. La competencia se convirtió en una batalla de bromas, y las risas llenaron el aire.

Al final, todos tenían cestas llenas de uvas, pero ninguno sabía quién había ganado realmente. Don Ernesto, con una sonrisa, declaró que todos eran ganadores y que compartirían la botella de vino más exclusiva como premio por haber traído alegría a la vendimia.

Esa noche, en la bodega "Vinos y Risas", los amigos disfrutaron del delicioso vino junto con Don Ernesto, quien les contó historias aún más graciosas sobre las peripecias de la vendimia a lo largo de los años.

Así, en medio de risas y anécdotas cómicas, la vendimia en Mendoza se convirtió en una experiencia inolvidable para estos amigos y una lección de que la diversión y el buen humor pueden convertir cualquier tarea en una aventura inolvidable.

The Grape Harvest

On a sunny autumn day in the heart of the wine region of Mendoza, Argentina, a group of friends decided to pay a visit to a prestigious winery called "Wines and Laughs." The winery's reputation was not only due to its excellent wines but also to its owner, Don Ernesto, a man known for his great sense of humor.

The friends arrived excitedly and were welcomed by Don Ernesto in person. This charismatic and jovial man guided them through the vineyards, telling jokes and anecdotes as they walked among the rows of ripe grapes.

The time for the grape harvest arrived, and Don Ernesto proposed a challenge. He promised a bottle of his most exclusive wine to the one who collected the most grapes in the shortest time. The friends accepted the challenge with enthusiasm and got to work, but with a playful competition in mind.

As they tried to fill their baskets as quickly as possible, comical situations began to unfold. One of them, Martín, tripped over his own feet and fell into a pile of grapes, causing uproarious laughter. His friend Luciano, while trying to imitate a gesture by Don Ernesto, ended up covered in grape juice from head to toe.

Laughter spread among them, and soon, they were cracking jokes and clowning around while picking grapes. They tried to overcome their falls and mishaps with humor, turning the grape harvest into an impromptu comedy.

Don Ernesto, who had been watching the scene, joined in the fun. He began picking grapes alongside them, tossing even more hilarious jokes and quips. The competition turned into a battle of pranks, and laughter filled the air.

In the end, everyone had baskets filled with grapes, but no one knew who had truly won. Don Ernesto, with a smile, declared that they were all winners and that they would share the most exclusive bottle of wine as a reward for bringing joy to the grape harvest.

That night, at the "Wines and Laughs" winery, the friends enjoyed the delicious wine alongside Don Ernesto, who shared even funnier stories about the harvest adventures over the years.

Thus, amid laughter and comical anecdotes, the grape harvest in Mendoza became an unforgettable experience for these friends and a lesson that fun and good humor can turn any task into a memorable adventure.

Las Aventuras de Juanito y la Empanada Desaparecida

En la encantadora ciudad de Rosario, Argentina, vivía un personaje peculiar llamado Juanito. Juanito era conocido por su amor inquebrantable por las empanadas. Cada día, recorría la ciudad en busca de la empanada perfecta, y cada local de empanadas tenía su propia historia sobre el día en que Juanito se presentó por primera vez.

Un día, mientras caminaba por la Calle Córdoba, Juanito notó un nuevo lugar llamado "Empanadas Mágicas." La curiosidad lo invadió, y entró con entusiasmo. El olor a empanadas recién horneadas llenaba el aire, y el lugar estaba decorado con luces brillantes y colores vivos.

El dueño, Don Emilio, era un hombre afable con una gran barba y un sombrero alto. Le dio la bienvenida a Juanito con una sonrisa y le contó sobre la empanada especial del día: "La Empanada de la Felicidad." Según Don Emilio, esta empanada estaba tan deliciosa que hacía reír a quienes la comían.

Juanito no podía resistirse a probarla. Tomó un bocado, y de inmediato, una risa contagiosa lo invadió. Rió tan fuerte que los demás clientes en el local comenzaron a reír también, sin saber por qué. Era una escena inusual pero alegre en "Empanadas Mágicas."

Don Emilio se unió a la risa y explicó que la Empanada de la Felicidad tenía un ingrediente secreto que provocaba la risa espontánea. Era una receta ancestral que solo él conocía. Juanito, con lágrimas de risa en los ojos, elogió la genialidad de la empanada.

A partir de ese día, Juanito se convirtió en cliente habitual de "Empanadas Mágicas." Cada vez que comía una Empanada de la Felicidad, se sumía en risas interminables, y la gente a su alrededor se contagiaba de su alegría. El lugar se volvió conocido como "El Templo de la Risa."

Pero un día, Juanito llegó a "Empanadas Mágicas" solo para descubrir que el local estaba cerrado. Don Emilio había desaparecido misteriosamente, y las risas y la alegría que solían llenar el lugar habían desaparecido.

Preocupado por su amigo y su fuente de risa, Juanito comenzó a investigar. Preguntó a los locales cercanos y siguió pistas hasta llegar a un pequeño teatro en el centro de Rosario. Para su sorpresa, encontró a Don Emilio actuando en el escenario como payaso.

Resultó que Don Emilio había dejado "Empanadas Mágicas" para cumplir su sueño de hacer reír a la gente como payaso. Aunque extrañaba sus empanadas, había encontrado una nueva forma de traer alegría a la ciudad.

Juanito, emocionado por el nuevo rumbo de su amigo, se unió al público en risas estruendosas durante la actuación de Don Emilio. Aprendió que la risa no solo podía venir de una empanada, sino también de un corazón lleno de alegría y un espíritu dispuesto a perseguir sus sueños.

Y así, en el escenario de Rosario, Juanito y Don Emilio continuaron haciendo reír a la ciudad, demostrando que la risa y la amistad son los ingredientes más especiales de todos.

The Adventures of Johnny and the Vanishing Empanada

In the charming city of Rosario, Argentina, lived a peculiar character named Johnny. Johnny was known for his unwavering love for empanadas. Every day, he roamed the city in search of the perfect empanada, and every empanada joint had its own story about the day Johnny first showed up.

One day, while strolling down Cordoba Street, Johnny noticed a new place called "Magic Empanadas." Curiosity got the best of him, and he walked in enthusiastically. The aroma of freshly baked empanadas filled the air, and the place was adorned with bright lights and vivid colors.

The owner, Don Emilio, was a friendly man with a bushy beard and a tall hat. He welcomed Johnny with a smile and told him about the special empanada of the day: "The Empanada of Happiness." According to Don Emilio, this empanada was so delicious that it made those who ate it burst into laughter.

Johnny couldn't resist trying it. He took a bite, and immediately, infectious laughter overtook him. He laughed so hard that the other customers in the place started laughing too, not knowing why. It was an unusual but joyful scene at "Magic Empanadas."

Don Emilio joined in the laughter and explained that the Empanada of Happiness had a secret ingredient that triggered spontaneous laughter. It was an ancestral recipe that only he knew. Johnny, with tears of laughter in his eyes, praised the genius of the empanada.

From that day on, Johnny became a regular customer at "Magic Empanadas." Every time he ate an Empanada of Happiness, he would burst into endless laughter, and the people around him would catch his joy. The place became known as "The Temple of Laughter."

But one day, Johnny arrived at "Magic Empanadas" only to find that the place was closed. Don Emilio had mysteriously disappeared, and the laughter and joy that used to fill the place had vanished.

Worried about his friend and his source of laughter, Johnny began to investigate. He asked locals nearby and followed clues that led him to a small theater in the center of Rosario. To his surprise, he found Don Emilio performing on stage as a clown.

It turned out that Don Emilio had left "Magic Empanadas" to pursue his dream of making people laugh as a clown. Although he missed his empanadas, he had found a new way to bring joy to the city.

Johnny, excited about his friend's new direction, joined the audience in uproarious laughter during Don Emilio's performance. He learned that laughter could come not only from an empanada but also from a heart full of joy and a spirit willing to chase dreams.

And so, on the stage of Rosario, Johnny and Don Emilio continued to make the city laugh, proving that laughter and friendship are the most special ingredients of all.

El Enigma del Jardín Secreto

En las afueras de la ciudad de Rosario, Argentina, se encontraba una antigua mansión rodeada de un exuberante jardín. La mansión era conocida como "La Casa de los Misterios" debido a las historias que la rodeaban, pero el mayor enigma estaba en el jardín trasero, al que nadie tenía acceso.

La mansión había estado deshabitada durante décadas, y la comunidad local creía que estaba embrujada. Los rumores decían que en el jardín secreto trasero se escondían tesoros enterrados y secretos inimaginables.

Un día, una joven aventurera llamada Ana visitó Rosario y se enteró de la leyenda de "La Casa de los Misterios". Intrigada por los relatos, decidió explorar la mansión y descubrir qué se ocultaba en su enigmático jardín.

Con una determinación inquebrantable, Ana ingresó a la mansión, que estaba cubierta de polvo y telarañas. Después de explorar cada rincón de la casa, finalmente encontró una puerta secreta que la llevó al jardín trasero. Para su sorpresa, el jardín estaba lleno de plantas exóticas y flores de colores vivos, a pesar de haber estado abandonado por tanto tiempo.

Mientras Ana exploraba el jardín, notó una estatua de una mujer con una rosa en la mano. La estatua parecía estar mirando fijamente un punto en el suelo. Intrigada, Ana comenzó a cavar en ese lugar y pronto descubrió una caja de madera enterrada.

Al abrir la caja, encontró cartas antiguas y fotografías que revelaban la historia de una historia de amor prohibido entre dos amantes de diferentes clases sociales. Las cartas detallaban encuentros secretos en la mansión y el jardín, y el amor que habían compartido a pesar de las adversidades.

Ana quedó conmovida por la historia y decidió investigar más a fondo. Siguiendo las pistas de las cartas, encontró un diario que detallaba un tesoro escondido en la mansión, un tesoro que se decía que traería fortuna y prosperidad.

Con la ayuda de algunas personas del pueblo, Ana emprendió la búsqueda del tesoro perdido. Pasaron días excavando y explorando la mansión, enfrentando desafíos y enigmas que habían sido dejados atrás por los amantes del pasado.

Finalmente, después de mucho esfuerzo y perseverancia, encontraron el tesoro escondido en el rincón más secreto de la mansión. Era un cofre lleno de monedas de oro, joyas y tesoros que habían permanecido ocultos durante generaciones.

Pero para Ana, el verdadero tesoro había sido descubrir la historia de amor entre los amantes prohibidos y restaurar la mansión y su jardín secreto a su antigua gloria. Compartió la historia con la comunidad, y la mansión pasó de ser "La Casa de los Misterios" a ser un lugar lleno de historia y romance.

La leyenda de la mansión y su jardín secreto se convirtió en un símbolo de la perseverancia y la belleza que pueden encontrarse en lo más inesperado, y Ana dejó Rosario con el corazón lleno de gratitud por su inolvidable aventura.

The Enigma of the Secret Garden

On the outskirts of the city of Rosario, Argentina, stood an ancient mansion surrounded by a lush garden. The mansion was known as "The House of Mysteries" due to the stories that surrounded it, but the greatest enigma lay in the backyard garden, which no one had access to.

The mansion had been uninhabited for decades, and the local community believed it to be haunted. Rumors had it that buried treasures and unimaginable secrets were hidden in the secret garden.

One day, an adventurous young woman named Ana visited Rosario and learned of the legend of "The House of Mysteries." Intrigued by the tales, she decided to explore the mansion and discover what lay hidden in its enigmatic garden.

With unwavering determination, Ana entered the mansion, which was covered in dust and cobwebs. After exploring every corner of the house, she finally found a secret door that led her to the backyard garden. To her surprise, the garden was filled with exotic plants and brightly colored flowers, despite having been abandoned for so long.

As Ana explored the garden, she noticed a statue of a woman holding a rose in her hand. The statue seemed to be staring fixedly at a spot on the ground. Intrigued, Ana began to dig in that place and soon uncovered a buried wooden box.

Upon opening the box, she found old letters and photographs that revealed the story of a forbidden love affair between two lovers of different social classes. The letters detailed secret encounters in the mansion and the garden, and the love they had shared despite the odds.

Ana was deeply moved by the story and decided to investigate further. Following the clues from the letters, she found a diary that detailed a hidden treasure in the mansion, a treasure said to bring fortune and prosperity.

With the help of some people from the town, Ana embarked on the quest for the lost treasure. They spent days digging and exploring the mansion, facing challenges and puzzles left behind by the lovers of the past.

Finally, after much effort and perseverance, they found the hidden treasure in the most secret corner of the mansion. It was a chest full of gold coins, jewels, and treasures that had remained hidden for generations.

But for Ana, the real treasure had been discovering the love story between the forbidden lovers and restoring the mansion and its secret garden to its former glory. She shared the story with the community, and the mansion went from being "The House of Mysteries" to being a place full of history and romance.

The legend of the mansion and its secret garden became a symbol of perseverance and the beauty that can be found in the most unexpected places, and Ana left Rosario with a heart full of gratitude for her unforgettable adventure.